향기 한 뼘 더 깊어지리

끌림 詩集 004

향기 한 뼘 더 깊어지리

이경옥 시집

||끌림

서문

감사를 노래하다

깊어지는 가을
첫 시집에 감사의 마음을 담았습니다

가끔 끄적이던 노트를 보니
감사라는 단어가 제일 많습니다
이전도 감사이고
지금도 감사이며
이후로도 감사임을
믿고 바라며

깊어지는 이 가을
모두의 삶이 아름답게 물들어 가기를
소망합니다

2024년, 가을이 익어가는 날에
이 경 옥

차례

서문 감사를 노래하다 ──────── 005

제1부 그 미소

피고 지고	013
그 미소	014
봄	015
비상飛翔	016
그리운 인생	017
만남	018
압력밥솥	019
당신 곁을 지키며	020
넌, 소중한 가시	021
시간이 약	022
뷔페	023
비움	024
한 산을 넘으면	025
마음이 비단	026
봄은 희망이다	027
네가 참 좋다	028
삼월의 산	029
독불장군	030
인생길 가다 보니	031
장미 가시	032

제2부 긴 장마 끝자락

꽃이 진 자리 ──────── 035
다름도 알아야 ──────── 036
인생 ──────── 037
풀향기 ──────── 038
별 ──────── 039
옥수수 알 ──────── 040
아는 만큼 ──────── 041
엄마 ──────── 042
기적 ──────── 043
시작 ──────── 044
파도 ──────── 045
긴 장마 끝자락 ──────── 046
산에 오르면 ──────── 047
부부의 날 ──────── 048
어버이 ──────── 049
기도 ──────── 050
세월이 흘러야 ──────── 051
요지경 속 ──────── 052
대지 ──────── 053
그리우면 ──────── 054

제3부 빗소리

비	057
여인의 삶	058
시험	059
부모님 마음	060
가을	061
남편	062
성숙	064
보문산	065
제발	066
국화꽃	067
아들의 첫 월급	068
빗소리	069
꽃	070
바람	071
우리는	072
메아리	073
폭염	074
호박꽃	075
만인산 호떡	076
질그릇	077

제4부 너의 자리

하나로 ——— 081
삶 ——— 082
함박눈 ——— 083
애인희시愛人喜施를 다짐하며 ——— 084
바보 ——— 085
너의 자리 ——— 086
야수 ——— 087
까칠한 녀석 ——— 088
새벽 ——— 089
이마만큼 보인다 ——— 090
고행 ——— 091
사랑으로 가득 ——— 092
황혼의 정 ——— 093
엄마이기에 ——— 094
다스크 ——— 095
단풍 ——— 096
조화造花 ——— 097
당신 ——— 098
풋풋한 가슴 ——— 099
남편 발자국 ——— 100

제1부
그 미소

피고 지고

오는 봄 이기는 겨울 없고
가는 겨울 누구도 못 잡는다

꽃은 피고 꽃은 진다
그렇게 꽃이 피고 지고
나도 너도 피고 진다

온몸으로 피워 낸
환희의 기쁨은 짧고

지는 꽃의 떨림은 낙하의
아름다운 눈물로 아파진다.

그 미소

남편이란 이름으로 감당해야 하는
일들이 가슴 아프게 많은 거 같다

아내란 이름으로도 그러하리
남편 곁에서 숨만 쉬는 것만으로도
아내 역할 다하고 있는 것이라고

가을은 쓸쓸히 깊어만 가는데
해는 먼 산 넘어간 지 한참인데
노부부는 공원의 꽃들을 보며
언 손 서로 다독이며 걷고 있다

움츠린 어깨는 바람 불면
휘청일 것만 같은 허한 모습인데
그래도 혼자가 아니라 둘이라고
당신 곁에 내가 있고
내 곁을 당신이 지키고 있다고

그 미소, 그 값진 미소.

봄

푸르름 휘날리며
사슴이 뛰어오네

겨우내 언 땅
온갖 생명
앞다퉈 신록의 잎
톡톡 터뜨리면

얼음 속 물고기도
꼬리치며 춤추고

앞마당 백목련
하얀 꽃잎 숨기고
봄 햇살 마중하네.

비상飛翔

참 힘겨운 사람

오늘도
나는
또

너로
벼랑 끝으로
곤두박질치며 추락하고 있다

추락하면서
이제는

살기 위하여
살아야 해서

강한
몸부림으로
비상飛翔의
날갯짓을 힘차게 해본다.

그리운 인생

강산 휘몰아쳐 눈 깜짝할 사이 여기
산수 지나 반을 향하고
노을은 짙고 서글피 기울어져만 가는데

가슴 한쪽 그리움 한가위 보름달 마냥
커져간 간다

애달픈 그리움 가슴에 흐르고 흘러 흘러
희미해져 가는 반쪽은 아직도 가슴에 한가득

그리움 또렷해
몸부림치며 지는 주홍빛 석양 같은 인생.

만남

마음 아파 하루하루 울부짖더니
세월이 약이지요

찢어지는 아픔 달래줄 언어의 보석은
영롱한 진주 되고
아픔의 눈물 한 방울 한 방울 모여
한 권의 새 생명으로 탄생했네요

그리고 지금 마음 나눌 벗이 있기에
얼굴에 환한 미소가 흐르네요

움츠리지 마세요, 더 힘 내세요
이제는 마음껏 행복하세요

그리고 또 행복하시길 기원합니다.

압력밥솥

삼십 년을 함께한 우리 가족
아침저녁, 칙칙거리며 돌아간다

돌기가 멈추도 뜸 들이면
조용히 내 손길을 기다린다
뚜껑을 보물단지 열 듯 연다

윤기 흐르는 가족의 생명 지킴이

그래, 고마워
말없이 할 일만 하는 우리 가족 지킴이.

당신 곁을 지키며

조용히 웃어봅니다

건조대 위 흰 와이셔츠
펄럭이는 모습을 보며
당신의 고달픈 삶이
밝은 모습으로
보입니다

함께하렵니다
당신의 고달픈 삶
우리의 행복이 되도록

당신 곁에서
조용히 펄럭이렵니다

하루하루를
한 땀 한 땀 함께 엮어가며
그렇게 함께하렵니다.

넌, 소중한 가시

넌, 내 소중한 가시
여차하면 찌를 기세로 가면 쓴 너

그래도 난 너의 손을 덥석
붙잡고 말았다

바보처럼
가시가 있다는 사실을 잊은 채
바보여서 미련해서
아니, 넌 나의 소중한
꽃이기에.

시간이 약

시간이 약일 때가 참 많다

밉다, 보고 싶지 않았는데
생각하고 싶지 않았는데
시간이 흐르며
감정이란 게 희석 되어져
용서가 된다

그럴 수도 있지 용서가 되는 건
시간이 약이기 때문일 거다

성숙한 웃음으로 마주하며
눈빛을 마주한다
그래, 그럴 수도 있지

시간이 약이다.

뷔페

배고프면 무죽한 전투자가 된다
허기진 배로 완전무장하고
필사즉생 필생즉사 각오도 단단히

전장戰場에 들어서면 즐비한 군졸
상대가 될 수 없다
나이프로 내려치고 포크로 쑤셔 넣는다

눈도 마음도 분주, 배는 어느새 남산
육신의 전투 병기를 가득 담아 뒤뚱거리는
배부른 전투자

뒤뚱뒤뚱 승리의 쾌감이다.

비움

늘 갈증을 느낀다
이 갈증을 채울 길 없다
시간이 약이라지만
올해도 그냥 가지 않는다

그래,
채우려 바둥거리지 말자
기다린다는 것
이 또한 욕심이다

생각도 마음도 비우자
짓눌렸던 것들을 토해내자
뒤엉켜 버렸던 실타래들이
술술 풀릴 거다

비우자
더 비워내자
가볍게 더 가볍게
그래 그렇게.

한 산을 넘으면

한 산을 넘으니 또 한 산의 고비가 온다
모두의 삶이 그러할까
살면서 힘들어 지칠 때면 먼 산을 바라본다

어느새 넘어야 하는 또 하나의 산이 있다
산 너머 저만치에
심안心眼으로 느끼는 소중한 것들이 있다

네가 있고 가족이 있고 이웃이 있다
때론 저들 때문에 힘듦도 있지만
또 다른 저들로 인해 그 힘듦이 해결된다

오늘도 또 다가온 산을 넘는다
가족과 함께 이웃과 함께.

마음이 비단

마음 그릇이 비단이다
한결같이 어여쁜 마음
이런 걸 두고
날개 없는 천사라 하는 걸까

마음이 비단이니 행동은 목화솜이다

모든 걸 다 끌어안고 가는
작은 거인은 비단 마음

허허, 웃음소리에 힘겨움도 있고
용서도 배려도 있으니

그중, 사람 사랑하고
귀하게 여기는 마음이 제일 크구나

허허, 웃음소리에는
많은 이야기가 담겨 있으니

허허.

봄은 희망이다

봄이면 설레는 가슴으로
콩콩 뛴다

따스한 공기 다스한 햇살
모든 게 다 행복이다

앙상한 가지에 빼꼼히
신록으로 얼굴을 내밀며
주변은 앞다퉈 아름답게
뽐아져 나오는 예쁜 꽃

행토하다는 감탄의 소리가
연이어 나온다

봄은 행복이며 희망이다.

네가 참 좋다

네가 있어 참 행복하다

네 생각만 해도
눈물 나도록 보고프다

그래,
네가 있어 참 행복하다

너무나 네가 좋아
눈물을 삼키는 그리움은
언제나 내 몫이 된다

그래,
너무나 네가 좋다
내 마음 가득히
온통 너로 가득하다

네가 너무나 좋다.

삼월의 산

잠자는 아기 깰까 조용히 품고 있는
엄마 품속 같은 삼월의 산

고요한 듯 분주한
생명 움트는 심장 소리 퍼진다

눈 부신 햇살 아래 이슬의 눈물로
생명은 움트고

천 년의 색 눈부시게 고개 들면
삼월의 산은 탄성과 감탄의 특권을 누린다.

독불장군

꽉 막힌 철통 방어, 꽁꽁 얼어붙은 심장

얼마나 힘겹고 답답하고 외로울까
타협 없는 속수무책
드리운 성벽은 날마다 두터워만 가고
쌓아 올린 성벽은 날마다 높아만 가는데
언제쯤 보고 듣고 느끼며 알게 될까

답답해하는 이들의 마음 알고는 있는가
독불장군이여.

인생길 가다 보니

봄바람에 꽃잔디
가냘프게 흔들리고
마음도 꽃잔디 되어
봄 향기 가득히
하늘 향해 어깨를 편다

인생길 고달프다던데
아득한 산 넘고 보니
꽃이 되고 바람 되어
만개의 설렘.

장미 가시

장미에 가시

장미를 위한 것일까
가시에 의한 장미일까

한 송이 장미꽃 피우기 위한
험난한 곡예사

장미와 가시
불가분의 관계일까

장미와 가시는
나와 너.

제2부

긴 장마 끝자락

꽃이 진 자리

앞다퉈 꽃이 피네
황홀한 꽃의 향연
행복한 기쁨 가득

꽃 보고 웃고
꽃 지니 울다

꽃 핀 자리 신록의 잎
바탕에 푸른 물결
희망으로 소곤소곤.

다름도 알아야

같음과 다름의 과제
틀에 맞추려는 자

살아가면서 얼마나
힘든 과제가 많은데

힘 빼지 않아도 될 일
주변 사람 참 힘들다

틀에 맞지 않다고 지적질
그러할 수도 있지

다름을 이해하면 안 될까
이도 저도 아니라면

이렇게 말하련다
너 자신을 알라.

인생

다 같은 열 달, 다듬고 만들어져
세상의 빛과 마주한 첫 신고식
두려움이 왜 없었겠는가

봄날 새순의 잎 돋듯이
아기의 보드라운 살결

세월이 흘러 가을 날의 낙엽이
아름답게 물들 듯이
인생도 낙엽처럼 물들고
바람에 흔들리고 떨어지리

그러나 가을이 아름답게 물들 듯
인생도 아름답게 익어간다.

풀향기

비 내린 후 정오
눈부신 푸른 하늘
신록의 푸른 잎
내리쬐는 햇살
온몸으로 받으며
실바람에도 저항 없이
연둣빛 물결 출렁이면

풋풋한 풀 향기
생명의 냄새가
온몸에 퍼진다

풀 향기 그윽한 정오
고개 들어 두 눈 감고
향기와 바람에
취해 본다.

별

밤하늘에 별 온 천지 가득 수 놓으면
벅찬 가슴 요동치며, 별은 가슴에 쏟아지고
너무 아름다워, 너무 행복해서, 너무 황홀해서
가슴 가득히 별을 품고
두 눈 감으면 심장도 고요히
별과 함께 밤은 깊어만 갈 즈음

지그시 눈 감고, 살며시 눈 뜨면
별은 다시 나를 향해 쏟아진다.

옥수수 알

알알이 영근 옥수수 알
영롱히 이쁜 옥수수 알

옥수수수염
한 올 한 올 명주실 뽑듯 쭉쭉
쉼 없이 뽑아 대며

옥수수 알
사이사이 자꾸만
비집고 자리 튼다

찰싹 붙어 있는
옥수수수염

탱글탱글 옥수수 알
맛나다며 야금야금

수염, 알알이
숨통 푹푹 쪄댄다.

아는 만큼

아는 것은 축복이다
무엇과도 바꿀 수 없는 축복이다

여러 사람 겪다 보니 본 만큼 알 수 있는 능력 생기고
같은 길 여러 해 가다 보니 눈 감고 길이 그려지고
요리 수십 년 하다 보니 양념 조절 능력 생기고

아는 만큼 보이고 아는 만큼 할 수 있고
아는 만큼 볼 수 있고 아는 만큼 갈 수 있는
사람의 눈, 사람의 마음

아는 만큼 느낄 수 있고 볼 수 있는 건 덤.

엄마

팔십 훌쩍 넘긴 우리 엄마
전화 통화로 소통할 수 있음에 감사하다

막내딸 점심 같이 먹자 하니
저 너머 엄마의 미소가 떠오르고
벚꽃이 만발한 데 내리쬐는 태양 빛
큰 벚꽃 나무 그늘에 앉아서
막내딸 언제 오는지 주름진 이마에
그리움만 고인다

야위고 작아진 모습에 가슴이 뭉클해진다
저렇게 오 남매를 그리워하면서
가는 세월 야속하다 마음속 타셨겠지

엄마 사랑해요, 엄마 건강하세요
오래오래, 건강한 모습 보여주세요.

기적

기적 같은 세상, 기적처럼 살고 있다
하루의 소중함에 감사한 마음 듬뿍

천년만년 살 것처럼
바보스럽게 살지는 않았는지
심장이 마구 뛰는 이유는
산다는 건 예습은 없고 실전으로 시행착오
후회스러운 때가 있기 때문

스쳐 지나간 시간 다시 잡을 수 없어
아쉬운 마음 굴뚝 같아
기적 같은 오늘 내일 모레

기적 안에 감사와 사랑이
비우고 나누고 베풀고
그러기에 삶은 기적이다.

시작

일터에 들어서니 평안함을 느낀다
각양의 색들이 화려하게 맞이하면
마음에 휴식처럼 평안함이 번지고
오랜 세월,
다독임도 달램도 함께했던 공간과 시간

이제는 뒤로해야 할 때,
침묵과 적막만이 흐른다
자꾸만 슬퍼지는 이유는
스쳐 간 수많은 이야기와
감정이 서렸던 곳이기에
감성의 손끝이 이루어낸
창조의 공간이기도 한 곳

저 깊은 울림소리에 귀 기울이면
서글픔은 더 깊은 침묵으로 빠져든다

하지만
다시 시작하는 출발선과 마주하는 때
다짐을 해본다
다시 출발 하자고.

파도

아가 숨결처럼
잔잔히 춤추는 바다
은빛 물결 부드러워
저 길숙이
붉게 타오르는 바다

너 파도야,
심술이라도 난 듯
듬성듬성 솟구쳐 있는 갯바위
부드럽게 다독이다가
무섭게 휘몰아치면

파도야,
넌 어쩌란 말이냐.

긴 장마 끝자락

매미의 폭염주의보
고막을 자극한다

긴 장마와 수해 때문일까

뜨거운 태양 볕도
매미의 울부짖음도
이처럼 감사 할 수가

인생도 이러하겠지
캄캄한 어두운 터널 속
두려움에 떨고 있을 때
작은 점 하나의 빛이
생명 줄처럼 다가 올 때
그것은 분명 희망이듯

우리 모두 서로에게
작은 점 하나의 희망
되어 준다면 자연의 재해
이 또한 지나가리.

산에 오르면

산에 오르면 마구마구 준다
빛 좋은 햇살, 몸에 좋은 단 공기, 마구마구 준다

산에 오르면 몸과 마음이 한결 가벼워진다
산에 오르면 비우는 연습을 하게 된다
산에 오르면 마음도 몸도 이뻐진다

산에 오르면….

부부의 날

청사초롱 백년가약으로 둘이 하나 되어 살다 보니
맑음도, 흐림도, 천둥도, 벼락도, 휘몰아치는 폭풍전야,
가슴 치는 밤, 눈물로 흐느꼈던 날도 있었지

누가 그랬을까, 부부 싸움은 칼로 물 베기라고
부부에게도 학습이 필요하다고

부부의 연으로 세 번의 강산이 흐르고 지나
눈빛만 봐도 척하면 그 속 천 리를 보듯 훤하다

누가 그랬을까, 지는 게 이기는 거라고
이만큼 와보니 측은지심이 생기고
대추 한 알, 저게 저절로 붉어질 리 없다
저 안에 태풍 몇 개, 천둥 몇 개, 벼락 몇 개,
저게 저 혼자 둥글어질 리는 없다

부부도 그러하리 해가 갈수록 깊어지는
한 알의 대추 알처럼, 숙성된 된장처럼,
부부의 정은 측은지심으로 날마다 익어 가리.

어버이

언제나 그대로 계실 줄 알았는데
세월도 무심하지
곱던 얼굴에는 세월의 깊은 주름 물결
마음이 저려온다

모진 풍파 야속한 세월
무엇으로도 갚을 길 없어
오월의 푸른 빛이 야속하다

세월 다시 되돌릴 수 있으면 얼마나 좋을까
어버이, 청춘 그리워 먼 산만 하염없이 바라본다

저 멀리 저둘녘 붉은 노을
마음 시리도록 아름다움은 어버이 사랑이어라.

기도

이른 새벽
간절한 기도를
하늘에 수놓는다

인내와 기다림으로
다리를 놓으며

네가 기쁘면
더 기쁘고
네가 아프면
더 많이 아픈
네 모습은
내 일기예보

언제나 행복하길
간절한 기도로
하늘에 수를 놓는다.

세월이 흘러야

시간이 흐르다 보면 깨닫게 되리.
물 흐르듯 흐르다 보면
고요한 듯하나
깊은 마음속에서 산산이 부서질 때
그때야 비로소
모든 것 부질없음을 깨달으리

역행할 수 없는 진리를 안고
쉼 없이 흐르는 물
그 진리를 알게 될 때
비로소 용서하는 마음 생기게 되리.

요지경 속

말장난은 어디까지일까
허울 좋은 말, 말, 말들

한숨은 깊어만 가고
말장난의 끝은 보이지 않으며
눈 가리고 아웅
열 손가락 하늘 가리면
부끄러움 가려질까
파렴치한 말, 말, 말로
이리 치이고
저리 치이는
서러운 인생들
서글픈 마음 폭풍전야
달랠 길 없는 설움뿐
세상이 요지경이면
요놈의 요지경 세상
어찌 살아야 할까

세상은 요지경 속.

대지

품고 보듬어 주는
광활한 대지
어미의 손길 같아라

대지 속 품은 씨앗
거짓 없이 진실만
공즌케 하는 신뢰

수많은 생명의
싹이 잉태되어
피고 지며 피는

어미의 품속 같아라

늘 그 자리에서
푼고 품으며
기다려 주는
어미 품속 같아라.

그리우면

너무 보고파
그리워지면
그냥 그리워하겠습니다

너무너무 그리워
눈물 흐르면
그냥 흐르게 놔두겠습니다

시간이 흘러
그리움과 눈물은

그대 향한
기도였음을 고백하렵니다.

제3부

빗소리

비

비가 내린다
주르륵 주르륵

겹겹이 눌린 숨막힘이
쏟아져 내린다

숨막히던 삶도
공중부양하다 흘러내린다

상쾌한 아침이다.

여인의 삶

강산이 여덟 번이나 지나
비단 장사와 삯바느질로 살아온
늙은 여인의 세월

재봉틀 바퀴도
드르륵드르륵
그와 함께 늙었다

반짇고리에
가위도 늙고
척尺부인도
그의 주름살처럼 늙었다

까만 밤
침침한 눈을 비비며
한 땀에는 가족 건강을
한 땀에는 자신 건강을
옷솔 깃을 기워가며
그렇게 기원했으리.

시험

시험은
집중하는 것

지식의 보고를 열어
백지 위에
풀어 놓는 것

때로는
가뒀다 풀어주는 사슬

발견하는 샘.

부모님 마음

밤낮으로 자식 잘되길 노심초사 마음
부모님은 다 이런가 보다

자신들의 아픔과 고통은 뒷전
앉으나 서나 자식 걱정
자식 잘되길 밤낮으로 기도하는 마음
부모님은 다 이런가 보다

맛난 음식, 자식 입속에 들어가면
내 입속에 들어가는 것보다 더 든든한 거
부모님은 다 이런가 보다

눈 뜨면 자식 생각, 눈 감아도 자식 생각
부모가 되고 보니
자식을 위한 백분의 일 만큼이라도
부모님께 한다면, 부모님 마음에
찬 서리 시린 마음 조금은 가시리라

내 눈에 눈물이.

가을

세상이 불타오른다, 빨갛게 노랗게
저 산에는 내 마음도 불타고 있으니
살 오른 사슴처럼 불타는 저곳으로 달려간다
가슴은 간지럼으로 설레지며
눈에도 마음에도 큰 그림의 도장을 찍는다

가슴이 요동친다, 놈에게 빼앗겨 버린 마음
빨갛고 노오란 단풍 되어 나는 그렇게
뒹굴고 휘늘리며 이렇게 저렇게
햇살 좋은 빛이 되어 바람 되어
그대 있는 곳으로 가고 있다.

남편

부부의 연으로 살아온 세월
오십 년이 훌쩍 지나온 시간 속에
노부부의 애틋한 삶이 녹아 있다

바늘과 실로 표현됨을 이제야 알 듯하다
항상 아내의 곁에는 자랑스러운 남편이
모든 걸 챙겨주고 시선을 마주친다
이야기를 들어주며 미소 짓는 모습이
애잔한 마음이 느껴진다

남편이기에, 함께 살아온 세월에
정은 켜켜이 쌓이고 아내의 늙은 남편은
별을 보는 마음으로 사랑했으리
남편의 눈동자에는 이슬이 맺히고
어린아이가 되어가는 아내를 보며
진주로 엮은 이슬이 맺히고
가슴은 진한 사랑으로 녹아 있으리

숨소리만 들어도 행복하다고
같은 말 몇 번 되물어도 행복하다고
동공 없는 눈동자만 보아도 행복하다고

〉
아내가 가끔 길을 잃어
가슴을 쓸어내리는 일이 있어도
늙은 남편 얼굴에는 미소만 있다

일과를 마치고
오늘 어찌 지냈냐고 얼마나 기다렸냐고
어느새 남편 가슴에 철부지 아내가 안겨 웃는다
기다렸다고 많이 기다렸다고

곁에서 있어 줘서 고맙고 웃어 줘서 고맙고
늙은 부부는 둘이어서 행복했다.

성숙

허한 공허함을 느낀다 해도
이제는 거뜬히
떨쳐 버릴 수 있는 배짱이 생겼다

먼 산 바라보며
괜찮아 괜찮아 하며
스스로를 다독이는 힘도 생겼다

저 산, 울창한 숲은
얼마만큼의 세월이 필요했을까
바람과 천둥이 휘몰아쳤어도
늘 그랬듯이 더 큰 숲으로 다가와
편안한 휴식을 준다

지금 나
눈 가리고 고갯짓하면서
괜찮아
숲도 모든 걸 이겨내고
더 큰 산이 되어
비바람 불어도 흔들림 없잖아.

보문산

주위를 둘러본다.
온통 단풍 든 나무들뿐이다.
밀가루에 베이킹파우더를 넣고
반죽해 놓은 것처럼

둥글게 둥글게 부풀어 올라와
서로 머리를 맞대고
조용히 나와 마주하고 있다

형형색색 물감을 마구 뿌려 놓은
단풍나무들
그 속에 내가 있다
자연과 소곤대는 내가 있다

웃는 모습이다.

제발

너의 모든 것이 온통 그리움으로 밀려온다
마음이 찢어지는 아픔을 느끼며 눈물을 삼키고 있다
코끝이 찡하다는 것이 무엇인지 그리움으로 요동친다

밝은 너의 미소가 사무치게 그립다
너의 목소리도 너무 그립다
어쩌면 좋으니, 이렇게 그리움으로 몰려오고 있으니

너의 좋던 것만 떠오르는 건 그리움에 사무친다는 거겠지
너를 향한 울부짖음이 메아리 되어 전해지길 기도한다

이제야 통곡의 벽이 무엇인지 실감한다
어둠이 밀려오는 것이 두렵다
너를 향한 그리움이 땅거미 지듯 묻힐까 두렵다.

국화꽃

가을 햇살이 너무 좋습니다
예쁘게 물든 단풍이 너무 좋습니다
온통 마음을 빼앗겨 버렸지요

가을 햇살 아래 국화꽃이 너무
아름답게 피었네요
당신과 함께 볼 수 없어서
마음이 저려옵니다

당신이 너무너무 그립습니다
국화꽃 아름다움이
당신 향한 그리움으로 다가옵니다

지금 당신은 온통 그리움입니다.

아들의 첫 월급

어느새 첫 월급을 탄 아들
리본 달린 봉투에 오만 원권 신권으로
엄마 아빠에게 친할머니 외할머니에게
아들이란 이름으로 손주라는 이름으로
감사라는 마음을 담아 손에 쥐여준
첫 월급봉투

너무나 귀한 선물
봉투도 제대로 만지지 못한다
침대 머리맡 성경책 위에 올려놓고
아들을 위한 기도의 향기를 올려드린다.

빗소리

꽃이 지는가 비가 내리는가
내리는 빗소리에
내가 젖는다 맘이 젖는다

하늘에선 주룩주룩 내리며
지붕 위에선 콩콩 튄다
주룩주룩, 콩콩 튀는 빗방울 소리
마음을 차분하게 한다

씻어내며 정화되는 맑은 기분
마음이 시원하다
비어 빗방울 소리에
마음을 달랜다.

꽃

들에는 꽃 천국
이름 모를 꽃들로 가득하다

잔잔한 작은 꽃이라 이쁘고
줄기 훌쩍 오른 꽃이라 이쁘고
소담스러워 이쁘고
풍성해서 이쁘고

우리도 꽃과 같으리
꽃이라 이름 불러주어
가장 빛나는 아름다운 꽃
가장 향기 나는 꽃

그대 가슴에 영원히 빛나는
아름다운 꽃이길 기도해 본다.

바람

바람 불어 좋은 날
바람 몸에 와 안기면
숨 한 번 크게 쉬고
들숨 날숨으로
연거푸 숨 가쁘게
바람을 느낀다

바람 불어 좋은 이날
바람 얼굴에 와 닿으면
숨이 멎을 것 같은
거센 바람이어도

바람 좋아
심호흡 크게 하고
가슴 멎을 것 같아도
가슴 크게 펴고
두 눈 감고
바람과 마주한다

바람 불어 좋은 날.

우리는

우리는 무엇을 그리워하고 사랑하며
살아가고 있는가

얼굴 마주하고 눈빛 교환하며 이야기하는데
마음 저 밑바닥 꿈틀거리는 외로움으로
마음은 흔들리고 있다

우리 서로는 그리움을 주고받으며
우리 서로는 사랑을 주고받으며
그렇게 이렇게
그리움의 줄 밀고 당기며 살아가고 있다

서로를 보듬으며 지내고 싶다.

메아리

마음 가득하다는
소리의 유희는 메아리

빈말의 굉음은
허허 벌판

빈 수레의 수레바퀴
덜커덩덜커덩
조합을 맞추며
힘겹게 돌아가는데

입씨름의 한숨 소리
덜커덩 장단과 뒤엉켜
엉거주춤 어깨 춤추며
오늘도 덜커덩거리며
힘겹게 돌아가네.

폭염

폭염이라고 너무 아우성들 하지 마라
폭염이 있기에 곡식도 익고
과실도 달콤하게 익어 가질 아니하냐

폭염의 더위가 지나 가을이 오면
언제 그랬냐는 듯 여름 볕을 그리워하리

폭염의 햇볕아 마음껏 내리쬐거라
하늘 향해 가슴 펴고 너를 품으면
향기 한 뼘 더 깊어지리.

호박꽃

미인 아닌 자,
누가 호박꽃이라 하는가

넝쿨 풍성하게 담장 감싸안고 뻗으면
호박잎 된장국 식탁 일등 공신이다
애호박은 볶음으로
중간 호박은 부침으로 입이 즐겁다
이뿐이랴, 황금 늙은 호박
늙은 어머니 호박죽 해 드리면
주름살이 활짝

호박은 팔방미인.

만인산 호떡

만인산 대표 먹거리
봉이 호떡과 구운 가래떡

길게 늘어 서 있는 많은 사람
시선은 한 곳에 집중

커다란 팬 위에 연신
동그란 호떡이 줄지어
기름에 구워진다

기다림도 즐겁다

둘러선 수령 깊은 나무들
노랗게 물든 낙엽
마음도 눈도 빼앗는다

깊어지는 가을
마음은 물들어 가고
팬 위에선 봄이 익어간다.

질그릇

토기로 불리는 너이기에 순수했다
잿물을 올리지 않고
진흙으로 만들어 구워 냈기에 더욱 그랬다

뜨거운 용광로에 들어갔다 나오길 얼마나 했더냐

단련되고 또 단련되길 수십 번
새로이 빚어진 이름 너 질그릇

수많은 세월 가슴 아픔과 인고를 견디며
이제는 어느 불 속에서도 견디는 너이기에
그 인내와 고통을 배운다.

제4부

너의 자리

하나로

각 객체가 모여 하나로 하모니를 이룬다는 건
흩어진 조약돌을 모아 성을 쌓는 것과 같으리

하나들 모여 셋이 되고 열 스물 일흔이 된
큰 무리로 지휘자의 손끝을 보며
저 천성의 풋대를 향해 천상의 소리로
포르테시모니의 하모니를 이루며 찬양하는 것

기적과 이적을 행하시는 예수그리스도 단 한 분께
엘리야가 아버지 이곳에 불을 내려주소서
절규하며 기도 했던 것처럼, 오늘 우리 또한
아버지 이곳에 불을 내려주소서
우리들의 찬양을 받으옵소서
기도하게 하소서.

삶

누구나 잘 살고 싶지

그러기 위해서는
내일을 위한 설렘으로
기대와 소망을 품으며
오늘을 열정으로 살아야 해

어제를 생각하며 고개를 끄덕이고
그래, 괜찮아 잘했어 하며 사노라면
어제오늘 내일을 위한 희망이 생기거든
그러면서도 늘 아쉬움이 남는 이유는
인생이 그런 거야, 위로를 받자구

아니, 아니

삶이란, 뒤에 오는 이들에게
해야 할 이야기를
남겨 두기 때문이라 생각해 두자구.

함박눈

눈이 펑펑 시야를 가린다
넋을 잃고 한참을 바라본다

나라를 걱정하는 하늘의 분노일까
오천만 민족의 두려움일까

그저 두렵다, 온종일 쏟아진다
하루가 저문다, 희망이 없다

어서 쏟아지거라, 밤새도록 쏟아지거라

애인희시愛人喜施를 다짐하며

늘 그랬듯이 네게 향하는 마음을 접는다
너에게 달리는 마음은 몇 초

내 맘 모르는 체 외면하는
언제나 저 쪽만 향한 너

가까이 하기엔 너무 먼 너
나쁜 사람

오늘도 나는 쓰린 마음 다독이며
천지개벽을 꿈 꾼다

그리고 애인희시愛人喜施의 원을
다짐해본다.

바보

어쩌 그리도 답답한지
바보는 세상이 온통 근심이고 두려움이다

어리석은 바브
버겁구나, 어김없이 오늘도 이어지는 한숨소리

한 여름 매미의 연이은 울부짖음
맴 맴 매애앰.

너의 자리

늘 네가 있던 그 자리
시간 지나 보니
네 자리는 그대로인데
네 모습은 간데없고
덩그렁 텅 빈 자리

가만히 네 자리를
멍하니 바라만 본다

멍한 마음의 시림에서
눈물이 핑 돈다

그립다
너의 환한 웃음이
내 뒤에서 환한 웃음으로
날 감싸안아 다오

오늘은
네가 너무도 그리운 날이다.

야수

장미꽃이 시퍼렇게 멍들어가고 있다
야수의 짓밟힘에 못 이겨서다

야수는 장미꽃을 지킬 의무가 있는데
서슬 시퍼렇지
의기양양 마구 짓밟고 또 짓밟는다

야수는 야수일 뿐
축 처진 장미꽃은 눈물이 맺혀
햇살 아래 떨어지는데
야수는 노을 지는 석양 아래
이리저리 먹이 사냥에 여념이 없다

야수는 분명 짐승이다.

까칠한 녀석

어쩜 그리도 까칠할까
까칠해서 오는 그 녀석의 짜증
받아주기 참 힘들다
변덕이 어마어마하다
날씨가 흐리면 흐려서 짜증
자기 마음에 안 들면 안 들어서 짜증
응원하는 편이 지면 온갖 짜증 오만상
음식이 맛없으면 맛없어서 짜증
녀석 마음대로 안 되면 안 돼서 짜증
참 힘든 녀석이다

그 녀석의 사람 민망하게 하는
별난 핀잔 짜증은 수준급이다

요 녀석을 어떻게 요리하면 될까
그 녀석은 염치가 있을까
그 녀석 마음에는 도대체 어떤 게 있는 걸까

까칠한 그 녀석은 지금 짜증 중.

새벽

이른 새벽,
삶의 모양은 다르지만
바쁘게 움직이는 모습들
아름다운 모습

삶의 무게는 달라도
삶의 모양은 달라도
삶의 색깔은 달라도
다 아름다운 모습

기도한다
주여, 모두에게
하늘의 신령한 것으로
축복하여 주소서.

이마만큼 보인다

엄마 품에서는 엄마만 보고
어릴 적 코 밑 만큼에는 동무만 보이고
청소년 때는 내가 보이며
어른이 되어서는 나를 보게 되며 주변이 보인다

반평생 반의반
그 만큼 성숙하여 느낌과 표정만 보아도
지식이 아니어도 지혜로 알 수 있다

나이가 들어 삶의 흔적 물결로 서글퍼 하기보다
삶의 지혜와 풍미가 익어가는 것에 감사하며
오늘 이 순간 나는 감사한다.

고행

별스러운 인연
끔찍하게 좋다고도 하고
끔찍하게 싫다고도 한다

어쩌란 말이냐, 마주할 때마다
벼랑 끝 오르내리며 곡예 줄타기

깊어지는 한숨, 전투는 날마다 이어지고
힘든 시간 지나 언제쯤 편안한 숨 쉴까.

사랑으로 가득

이른 새벽, 엄마 사랑 소풍 가방 가득히
담아 보낸다

그중 제일 맛난 건 엄마 동생 생각 가득해
소풍 가방 속 그대로

어느새 성인이 된 아들 언제나 좋은 건 가족 먼저
엄마의 국 대접에는 아들의 사랑이 철철 넘친다

따뜻한 마음 배려 깊은 사랑
어느새 성인이 된 아들
솜털 발그레한 탐스러운 복숭아
엄마의 두 손에 가득히 건네며, 드세요

여름 뙤약볕 아래 달콤하게 익어가는 복숭아
아들의 따뜻한 마음 같으리

아들 고마워, 사랑하고 축복한다.

황혼의 정

황혼의 두 브부, 검은 머리 파뿌리 되도록
괴로우나 즐거우나 함께 하겠다는 맹세로 맺은 인연

팔순 넘은 남편 아내 생각에 눈물샘 마를 날이 없네
입버릇처럼 아내를 너무 사랑한다는 황혼 녘 사랑

병약한 아내 팔순이 넘은 남편에 아이가 되어 버렸네
언제나 어딜 가나 남편만 졸졸
곁에만 있어도 좋아 보고만 있어도 좋아

남편, 아내가 살아있는 것만으로도 감사하다는데
그 마음 하늘에 닿아 꺼져가는 황혼의 서글픈 사랑에
불씨가 기적처럼 다시 살아나길 간절히 빌어본다.

엄마이기에

엄마이기에 마음 근육이 단단해졌고요
엄마라서 장사가 되었지요

아들과 딸이 성장하듯 철부지 엄마는
빚고 빚어져
곱고 단단한 질그릇으로 빚어지고 있습니다

세상에서 둘도 없는 귀하고 사랑스러운
아들딸이 있어서 힘이 납니다

힘들고 지칠 때 아들딸을 생각하면
호랑이 굴에 들어가도 무서울 게 없다는 것이
무엇인지, 든든한 아들이 있기에 똑똑한 딸이 있기에
엄마는 힘이 납니다

금쪽같은 아들 딸
사랑하고 축복한다.

마스크

하나님께 도전하기 위해
열방의 족속들 하나의 언어로 소통하며
탑 쌓아 올리기에 필사적인 그 모습 가관이어라
하나님 보시기에 좋지 않았더라
쌓아 올린 탑, 언어를 흩으시고 허무셨네

지금, 모든 열방의 족속
스마트폰 하나면 언어의 장벽도 없어
하다 하다 소음으로 변해버린 언어
제발 할 말만 하라고
가면인 듯 가면 아닌 마스크로 입 가리게 하시고
잘 걸러진 말, 진실한 고운 말 하게 하셨네.

단풍

노란 은행잎 어둠 밝히고
빨간 단풍잎 온몸 불태우면

가을날 피날레 간곳없고
마지막 잎새 차가운 바람에 떨고

대지 위 단풍은 그리운 추억을
반추하며 살라 하네.

조화 造花

한 자리 차지하고 있는 조화造花
볼 때마다 착각한다

가짜보다 더 진짜 같은 들국화 조화
순간 미소가 번진다

365일, 부모님 산소를 지키는
눈비 맞고 태풍에 시달려도
웃는 얼굴로 갈이 없다

그래 너, 말 없는 조화
진실보다 거짓이 가끔 약이 되듯
눈과 마음 화사하게 기쁨 주는 고마운 너.

당신

수줍게 당신이라고 불러 보네요

당신,
한 번도 당신이라고 불러보지 못했어요
부끄러워서요
하지만 봄꽃 가득히 품고
당신의 넉넉한 품에 얼굴을 묻어 봅니다
그리고 속삭여봅니다

고마워요 사랑해요
당신.

풋풋한 가슴

마음에 와닿는 꽃은
큐피드 화살을 맞은 듯
심장을 마구 요동치게 한다

열 번의 강산을 넘은 이날에
꽃으로 심장이 뛴다는 건
작은 가슴에 담고 품어야 할 게
아직도 너무나 많기 때문일 거다

가슴의 소리에
오늘도 귀 기울여 본다.

남편 발자국

보문산 눈 덮인 길
온통 하얀 세상

아무도 걷지 않은 길
햇살로 반짝반짝 빛나는
눈 덮인 길

선명한 남편 발자국
고마운 발자국

감사하며 기도하는 아내
고마워요 가족을 위해
수고하는 고마운 당신

감사해요 고마워요
살포시 마음을 얹는다
고마운 발자국 위에.

끌림 詩集 004
향기 한 뼘 더 깊어지리

2024년 11월 05일 초판 1쇄

지은이   이경옥
펴낸이   김영태
펴낸곳   도서출판 끌림
책임편집 김한결

출판등록 제2022-000036호
주소   대전광역시 서구 대덕대로 325, 스타게이트빌딩 471호
전화   0502-0001-0159
팩스   0503-8379-0159
전자우편 kkeullimpub@gmail.com

공급처   한국출판협동조합
전화   02-716-5616
팩스   02-716-2999

ISBN 979-11-93305-10-2 (03810)
값 10,000원

ⓒ이경옥 2024

* 이 책은 저작권법에 따라 보호를 받는 저작물이므로 무단 전제와 복제를 금합니다.
* 잘못 제작된 책은 바꾸어 드립니다.